しっかりわかる「脱炭素＝カーボンニュートラル」

②

地球の歴史から考える「地球温暖化」

著／稲葉茂勝
渡邉 優

「脱炭素」も「カーボンニュートラル」も、どういうこと？

最近、「脱炭素」「カーボンニュートラル」という言葉をよく聞くようになりました。それらは次のように説明されています。

- 「脱炭素」とは、二酸化炭素の排出量をゼロにすること。
- 「カーボンニュートラル」は、「カーボンゼロ」ともいう。
  温室効果ガス（二酸化炭素、メタンやフロンなど）の排出量を森林や植物などが吸収する量をこえないようにすること（実質ゼロにすること）。

日本政府は2020年10月、2050年までにカーボンニュートラルを達成するという目標をかかげました。海外では、EUが2050年、中国は2060年までに「実質ゼロ」にすることを打ちだしています。みなさんは、テレビや新聞で「二酸化炭素の排出量を減らしていかないと、地球温暖化がどんどん進んでいき、地球がたいへんなことになる！」ということも、よく聞いているでしょう。

そうです。みなさんも、いや、世界じゅうのすべての人が、二酸化炭素を出さないようにしていかなければならないのです。だから、世界じゅうの国の政府などが先頭に立って、二酸化炭素など「温室効果ガス」の排出量を減らそうとしているわけです。

みなさんは学校で、どうして二酸化炭素を減らさなければならないのかを学んでいるでしょう。そして、みなさんのできる二酸化炭素の排出量を減らす方法を理解・実行してきていることでしょう。

でも、なぜ「脱二酸化炭素」といわないで、「脱炭素」といっているのでしょうか？

いま、「脱炭素」「カーボンニュートラル」などを解説する本がたくさんあります。でも、なぜ二酸化炭素を減らすことを「脱炭素」というのかなど、わかるようでわからないことを解説している本はなかなか見あたりません。

だから、ぼくたちはこの本を企画しました。

さあ、いっしょに「脱炭素」「カーボンニュートラル」をめざして、このシリーズ全3巻をしっかり読んでください。

〈巻構成〉

❶キーワードでわかる「脱二酸化炭素」

❷地球の歴史から考える「地球温暖化」

❸SDGsと「カーボンニュートラル」

子どもジャーナリスト
Journalist for Children　稲葉茂勝

もくじ

1 地球という星

46億年前に生まれた頃の地球という星は、生物の住める環境では
ありませんでしたが、想像もできない長い時間のなか、海や陸が
形づくられ、窒素や酸素、二酸化炭素などの気体が地球を取りまき、
そのなかで動植物が生息するようになりました。

星の種類

宇宙には無数の星があります。そのなかに
「銀河」とよばれる天体（宇宙空間にある物体
のまとめたよび名）がたくさんあります。ま
た、銀河のなかには地球をふくむ「太陽系」が
あります。太陽系は、恒星である太陽のまわ
りを周期的に回っている8個の惑星（太陽に
近い順に水星、金星、地球、火星、木星、土
星、天王星、海王星）の集まりのことです。

- 恒星：自分で光っている星。夜空に見える大部
  分の星。

- 惑星：地球、木星や土星など、自分では光を出
  さずに恒星の光を反射して光っている星。かつ
  て「惑星」に正式な定義がなかったが、2006
  年8月に国際天文学連合により、「惑星とは恒星
  を回る天体のうち、十分な質量をもっているた
  めに丸い形をしていて、まわりにくらべて圧倒
  的に大きく成長したもの」と定義された。

この巻では、脱炭素社会についてより深く理解
するために、地球環境の歴史や、人間社会
と自然との関係がどのように変化してき
たのかをくわしく見ていきます。

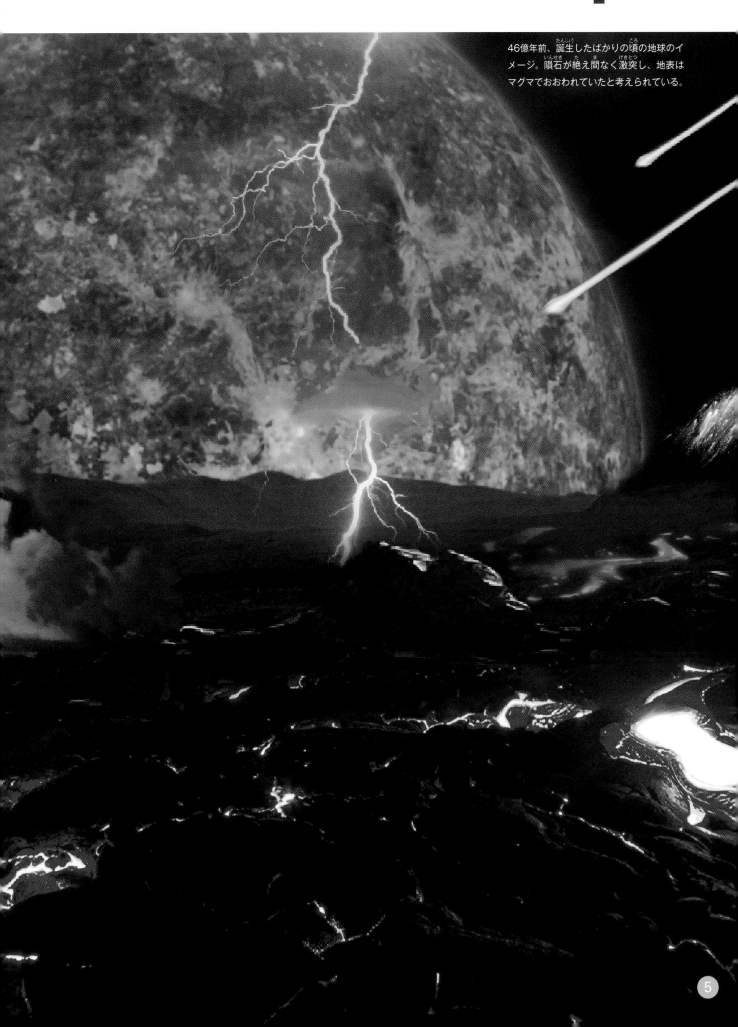

46億年前、誕生したばかりの頃の地球のイメージ。隕石が絶え間なく激突し、地表はマグマでおおわれていたと考えられている。

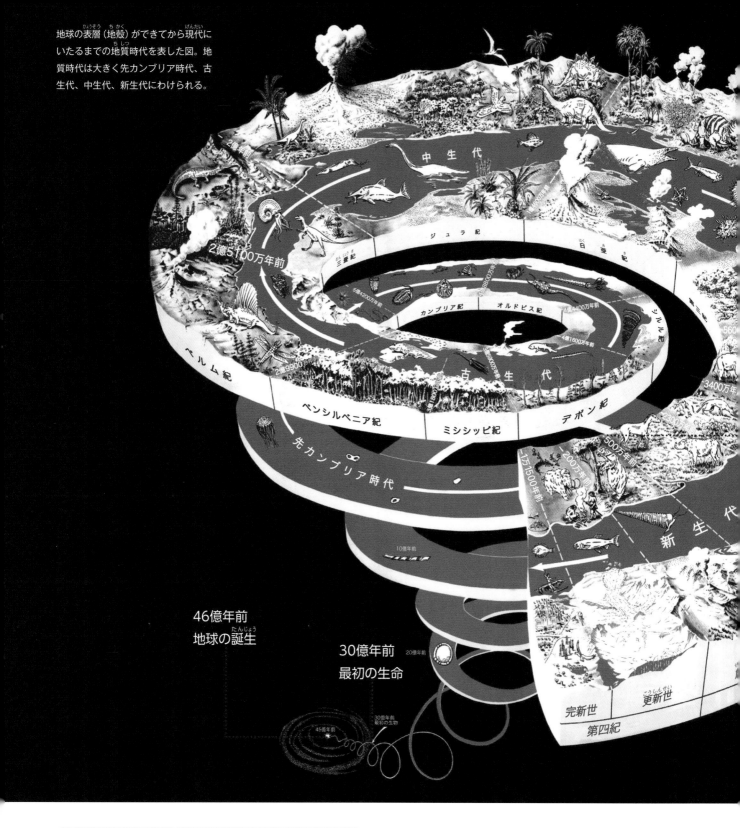

地球の表層（地殻）ができてから現代にいたるまでの地質時代を表した図。地質時代は大きく先カンブリア時代、古生代、中生代、新生代にわけられる。

中生代

ジュラ紀

白亜紀

三畳紀

2億5100万年前

2億年前

カンブリア紀　オルドビス紀

古　生　代

ペルム紀

ペンシルベニア紀　ミシシッピ紀　デボン紀

先カンブリア時代

46億年前
地球の誕生

30億年前
最初の生命

新　生　代

完新世　更新世

第四紀

地球の誕生と変化

　地球は太陽系の惑星のうち３番目に太陽に近い惑星です。できたばかりの地球は、水蒸気やガスにおおわれていました。多くの隕石がふりそそぎ、非常に高温で生物の住める星ではありませんでした。大気も今とはまったくことなり、主成分は水蒸気で、二酸化炭素や窒素、硫黄がふくまれていました。

　その後、気温が下がるにつれて大地ができ、水蒸気が雨になって海ができたのは、約40億年前。そして大きな陸地と海にわかれました。

約700万〜600万年前
人類の誕生

Geological-time-spiral ja.png (USGS)

その後、陸地が非常に長い時間をかけてゆっくり移動し、分裂。現在の6つの大陸（ユーラシア大陸、アフリカ大陸、オーストラリア大陸、北アメリカ大陸、南アメリカ大陸、南極大陸）を形づくるのが、2億5000万年前くらいからだと推測されています。

現在の地球

現在の地球は、直径が1万2742kmの球体で、表面の約7割が水からなる海、3割が陸。大気（地球を取りまく空気の全体）の厚さ（地表からの高さ）はわずか約100km（直径の127分の1）。大気は、主に窒素（約78%）、酸素（約21%）、アルゴン（約0.9%）で構成されている。わずかながら二酸化炭素やメタンなどの「温室効果ガス」もふくまれている。

地球上の生物

地球上ではじめての生物は、約38億〜35億年前に生まれた細菌です。約27億〜19億年前には、シアノバクテリアというラン藻（→p38）が光合成をはじめ、太陽光と二酸化炭素から酸素をつくるようになります。

その後、上空で酸素からオゾン層がつくられ、宇宙からやってくる有害な紫外線をさえぎり、生物を守るようになり、あらゆる生物が増える条件を整えていきます。そして、しだいに昆虫類、貝類、コケやシダ（→p38）、両生類、爬虫類、鳥類、哺乳類などが次つぎに登場し、約700万〜600万年前にはついに2本の足で歩く人類の祖先が現れました。現代人と同じ種に属する直接の祖先ホモ・サピエンス（→p38）が生まれたのは、約30万年前（20万年前との説もあり）のことでした。

こうして、地球は現在知られるかぎり生物のいる唯一の星となりました。それは、生物が生きていくのに必要な酸素と水があるおかげです。気候も人間をはじめとするあらゆる動植物が住むのに適しています。

2 氷河時代・無氷河時代

気が遠くなるような地球の長い歴史は
大きく「氷河時代」と「無氷河時代」にわけられます。
さらに「氷河時代」は、氷河が拡大した「氷期」と、氷期と氷期との
あいだの比較的温暖で氷河が縮小した「間氷期」にわかれます。

氷期・間氷期

「氷河時代」と「氷期」とを混同しないように注意してください。

長い氷河時代のなかで寒冷な時期（氷期）と温暖な時期（間氷期）がくりかえされ、地球全体の環境や気候は変化してきました。

かんたんに図示すると、下のようになります。

氷河時代				
氷期	間氷期	氷期	間氷期	・・・・・

間氷期（世界的に温暖な時期）
氷　期（世界的に寒冷な時期）

どうして氷期と間氷期をくりかえしてきたかについては、次のような要因が考えられています。

- 火山活動による二酸化炭素濃度の変化。
- 巨大な隕石の衝突による日照の遮断。
- 海流の変化、地球と太陽間の距離の変化、地軸のかたむきなどといったさまざまな現象。

ここに書いたのが正式な定義ですが、「氷河時代」と「氷期」を同じに考えたり、間氷期を「無氷河時代」と思ったりしがちですので、ここで正確に理解しておきましょう。

これまでの氷河時代

地球は現在にいたるまでに氷河時代が5つあったと考えられています。

現在の地球は6回目の氷河時代にあります。正式には「第四紀氷河時代」または「新生代氷河時代」とよびます。

「第四紀」は4回目の意味でななく、そういう名前がつけられているのです。全6回の氷河時代の名前は、右のとおりです。

現在は、第四紀氷河時代の間氷期にあります。今後は、いつか間氷期が終わり、氷期が来るのですが、では、いつ来るかというと、5万年先とか、もっと近い時期に来るとか、いろいろな説があって確かなことはわかっていません。

●氷河時代の年表

名称	紀代
ポンゴラ氷河時代	29億年前〜27億8000万年前
ヒューロニアン氷河時代	24億5000万年前〜21億万年前
クライオジェニアン氷河時代	7億2000万年前〜6億3500万年前
アンデス＝サハラ氷河時代	4億5000万年前〜4億2000万年前
カルー氷河時代	3億6000万年前〜2億6000万年前
第四紀氷河時代	258万8000年前〜現在

ここで見たように、これまで地球でははげしい気候のうつりかわりが原因となって、二酸化炭素の濃度変化や海水面の上昇・下降もくりかえされてきました。しかし、現代で問題とされている地球温暖化は、この自然な気候変化によるものではないとされています。

陸地が氷におおわれた太古の地球のイメージ。かつては赤道地域にあったとされる地層に氷床が存在していた証拠が発見されたことから、地球全体が氷でおおわれていた時代があったと考えられている。
提供：Science Photo Library／アフロ

ロス・グラシアレス国立公園（アルゼンチン）のペリト・モレノ氷河。全長は約35km、面積は約250km²にもなる。

世界の最も有名な氷床・氷河

「氷床」とは、大陸にふりつもった雪が、長い年月をかけて、広い土地をおおう厚い氷になったものです。世界でいちばん大きな氷床は南極大陸にあります。南極は、北極とちがって氷の下には地面があるのです（北極は海にうかぶ氷のかたまり）。面積は1360万km²（日本の36倍）で、ここに最高4000m、平均で2500mの厚さの氷が堆積しています。

一方、「氷河」とは、氷のかたまりや高山の万年雪が、厚い氷のかたまりとなってみずからの重さにより下へ流れでたものをさします。氷河は、ほんの少しずつ動いているのです。

南極の少し北側、南アメリカ大陸の南部（南緯50度）にあるロス・グラシアレス国立公園に

●氷床におおわれた南極大陸の地図

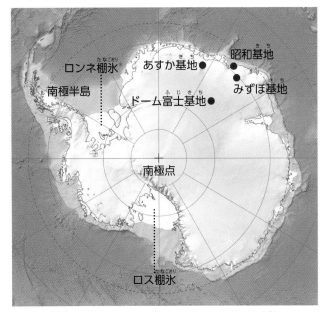

ロンネ棚氷
南極半島
あすか基地
昭和基地
みずほ基地
ドーム富士基地
南極点
ロス棚氷

＊陸上の氷床がすべりおちて海に押しだされ、海にうかんだ状態になったもの。

もっとくわしく

日本の氷河

かつて日本には氷河はないものと考えられていた。だがその後、立山連峰のいくつかの山に厚さが最大60mの氷河があることが確認された。これは現存するなかで最も温暖な地域にある氷河として知られている。

写真：富山県立山カルデラ砂防博物館

立山を構成する3つの峯のうち、最も高い雄山で発見された御前沢氷河。

は一連の氷河群があります。アンデス山脈にふった雪が氷結し、氷河となって海に流れこんでいます。アンデス山脈は積雪量が多いため、この氷河は比較的はやい速度で流れています。その数の多さや動きの活発さから、とても有名です。地球温暖化によって氷床や氷河がとけていくと、地球環境に深刻な影響をおよぼします。

3 気候が変化する要因

気候変化や気候変動が起こる原因として、
4〜9ページで見てきたような地球規模の大気の変化などによる
自然的要因と、人類社会が誕生し化石燃料をつかいはじめたこと
などによる人為的要因の2種類があります。

気候変動と気候変化のちがい

「気候 (climate)」とは、日照、日射、気温、湿度、降水量、気圧、風など、ある地域の大気の状態を示す言葉です。

その変化を表す言葉として気候変動と気候変化の2つがつかわれていますが、混同されていることもあります。

ブラジルで発生した干ばつ。長らく雨がふらないことで起こる干ばつは、気候変動による被害の代表例。

なぜなら、variation という英語が「変化」「変動」どちらの言葉にも訳されるからです。

辞書などでは、次のように定義されていますが、そのちがいについては「比較的短い」「長い」とあいまいにされています。

- 気候変動 (climatic variation)：気候が比較的短い期間に変わることを表す。
- 気候変化 (climate change)：長い期間にわたる気候の変化を表す。

自然的要因

気候が変化する自然的要因のひとつに太陽活動があります。

太陽を回る地球の軌道、または、地球の自転軸の変化により、太陽と地球の距離が変わることから、地球の気候に影響が出てくるのです。一方、太陽の活動自体が活発になったり弱まったりしても、気候の変化が起こります。

また、火山噴火により大気中に微粒子が増えて、日照量が減り、気温が下がるといったことも、気候変動の自然的要因のひとつであると考えられています。

1991年に大噴火が起こったフィリピンのピナトゥボ山。噴出物が成層圏に到達し、世界的な日照不足をもたらしたといわれている。

人為的要因

人為的要因は人間の活動によって排出される温室効果ガスによるものが大きいと考えられています。そうです、「地球温暖化も気候変化」です。二酸化炭素は人間のあらゆる活動によって発生します。エネルギーをつくりだすための火力発電や、移動のための自動車から大量の二酸化炭素が排出されます。

人間の活動が活発になればなるほど、二酸化炭素の量は増大していきます。

これら二酸化炭素の排出増の問題だけでなく、二酸化炭素の吸収の減少の面でもさまざまな問題が起きているのです。

ひとつの問題は森林破壊です。森林が破壊されることにより、植物によって吸収される二酸化炭素の量が減るのです。その結果、大気中にたまる二酸化炭素の量が増加してしまいます。

これについては後でくわしく見ていきますが、人為的な要因としては、地球温暖化を引きおこしている温室効果ガス、そのなかでもとくに二酸化炭素の増加が最大の問題になっていることは、ここでも確認しておきましょう。

森林減少が問題とされているカリマンタン島の熱帯雨林（インドネシア）。農園の拡大や、木材や紙の生産を目的とした違法な森林伐採がおこなわれている。
写真：ロイター/アフロ

もっとくわしく

重要な観測地、南極

地球の気候がどう変化しているかを調べるには、人類の活動がほとんど影響しない場所での観察が必要だ。地球上でいちばん適しているのが南極。これまでの研究により、南極における過去80万年間の気温が、約10万年周期で大きく上下していることがわかってきた。

● 南極の気温の推定値（過去80万年間）

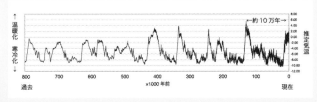

出典：国立環境研究所地球環境研究センター（Jouzel et al. [2007] のデータをもとに作成）

また、人類がすでに農耕社会（→p18）に入っていた2000年間を見ても、温暖期があったり寒冷な時期があったりと、約200年周期で大きな変化が見られる。

● 世界平均気温の変化
（復元値と観測値）

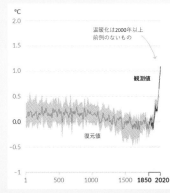

グラフの数値は、1850〜1900年の平均気温との差を示す。

出典：IPCC第6次評価報告書第1作業部会報告書 政策決定者向け要約 暫定訳（文部科学省及び気象庁）をもとに作成

現在までの人類の歴史を、社会の発展状況により「狩猟採集社会」「農耕社会」「工業社会」「情報社会」と、大きく4つの段階にわけることがあります。そして今、5つ目の「○○社会」が目前に迫っているといわれているのです。

5つ目の新しい社会

「狩猟採集社会」「農耕社会」「工業社会」「情報社会」を、日本政府では、それぞれ「Society 1.0」「Society 2.0」「Society 3.0」「Society 4.0」とよんでいます。さらに、今後日本がめざすべき新たな社会のすがたを「Society 5.0」として提唱。IoTや人工知能（AI）によってさまざまな課題を解決し、一人ひとりが快適で活躍できる社会を実現していくといいます。

どうして、このような英語をつかっているのでしょうか。それは、Society 5.0にあたる「○○社会」という言葉がないからではないかと、わたしは思います。

内閣府によると「Society 5.0」は「サイバー空間（仮想空間）とフィジカル空間（現実空間）を高度に融合させたシステムにより、経済発展と社会的課題の解決を両立する、人間中心の社会（Society）」と定義されています[*]。これではかんたんに「○○社会」と名づけるのは難しいですね。

＊「第5期科学技術基本計画」より。

Society 5.0では、サイバー空間に集められた膨大な情報をAIが解析し、人間に必要な情報が提供されるようになるといわれている。

狩猟採集社会

アフリカでくらす狩猟採集民の子どもたち。

最初の人類が誕生して以来およそ30万年にわたり、
植物をとったり動物を狩ったりしてくらしてきました。
そうした狩猟採集をおこない、今なお人類の原初的な
文化の伝統を引きついでいる人びともいます。

狩猟採集社会

「狩猟採集社会」とは、ほとんどすべての人が植物を採取したり野生の動物を狩ったりして生きていた社会のこと。

時代がくだるにつれて、火を起こしてつかうようになります。でも、道具は石や動物の骨でつくったかんたんなものや木製のものにとどまりました。こうした狩猟採集社会は、現代の人類の直接の祖先とされるホモ・サピエンスが生まれた約30万年前（20万年前との説もあり）から約1万年前まで続きました。

人びとの食事は、木の実やイモなどの植物、クマやイノシシなどの動物、魚介類が中心。これらをさがしてあちこちへ移動していました。獲物がとれなかったり動物におそわれたりす

る不安はありましたが、食べられるものはなんでも食べたので、栄養のバランスはよかったといわれています。

彼らの生活をうかがわせるものとして、当時の人びとが洞窟に描いた動物などの壁画が見つかっています。

そうした時代の人類は、現代のように生態系（→p19）をこわすようなことはありませんでした。それでも狩りを通じて、マンモスなど大型動物の多くを絶滅させたと考えられています。

旧石器時代に描かれたとされるラスコーの洞窟壁画（フランス）。洞窟内には牛、馬、鹿などの動物が色あざやかに描かれている。

6 農耕社会

地球があたたかくなってくると、人類は自然界に
あるものを食べるだけでなく、自分でも食料をつくるようになります。
さらに定住するようになると、人口が増加し、社会的な集団が
つくられていきます。文明がつくられたのは、それからでした。

移動をやめて定住

今からおよそ1万年前、最後の氷期が終わり、地球の気候はしだいにあたたかくなってきました。間氷期に入ると、植物の種類も量も増え、人類がそれらを食べるようになりました。

そして、そのうち自然にあるものをさがして食べるのではなく、居住地で小麦、トウモロコシ、稲などをつくって食べました。また、野生の動物を追いかけて移動するのではなく、羊や牛を家畜として飼うようになりました。

家畜は、すきを引かせて畑をたがやし、肉や乳を食用にし、その排泄物で肥料をつくるなど、さまざまに利用しました。

すると作物をよりたくさん生産できるようになります。さらに、土器や加工した石器がつくられるようになり、農業をいっそう発展させます。

このような農耕と家畜による食料生産を主とする社会が、「農耕社会」です。人びとは、狩猟採集の時代よりも安定して多くの食料を手に入れることができました。

社会のかたちの変化

農耕社会では、人びとは畑があって、家畜がいる場所に定住します。そうした地域はしだいにまとまっていきます。

食料生産が増大し、蓄積もできるようになった地域では、より多くの人が集まってきます。しだいに村ができます。村はまちへと発展し、人口がさらに拡大。

食料に余裕ができたまちは都市となり、そこでは商人や聖職者、学者といったさまざまな職業の人があらわれ、社会に階層が生まれ、より大きい共同体に発展していきます。

とくに川のそばは作物を育てやすく、くらしに水を利用することができたことなどから、大きな川を中心としてメソポタミア、エジプト、インダス、中国で古代四大文明が誕生したのです。

●古代四大文明（紀元前3500年前〜1500年頃）

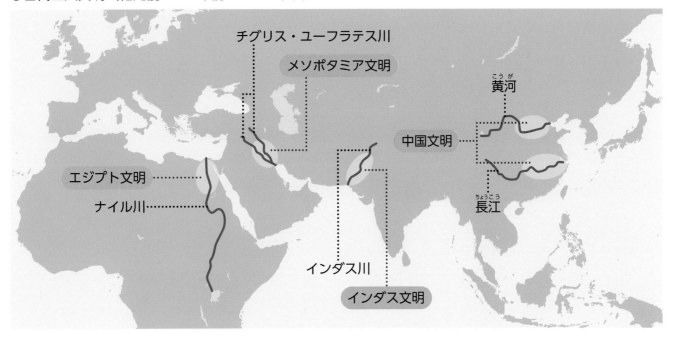

チグリス・ユーフラテス川
メソポタミア文明
黄河
中国文明
長江
エジプト文明
ナイル川
インダス川
インダス文明

農耕社会がもたらした問題

　農耕社会で食料生産が増えたのはよかったのですが、よいことばかりではありませんでした。

　増加する人口を養うため、農民の労働がどんどん過酷になり、つくられる作物も、小麦やトウモロコシなど、かぎられたものにかたよったことから、不作の年には食糧不足になったり、家畜が感染症にかかったり、家畜から人に感染したり、栄養バランスがかたより、人びとが病気になったり……。さまざまな問題が生じるようになりました。

　人類と自然との関係でいえば、森林を伐採して畑にしたり、自分たちの都合のよいように川の流れを変えたりして、人類は、自然のすがたを大きく変えました。自然の生態系が農耕社会によって大きく破壊されたのです。

もっとくわしく
生態系

　地球上では、1000万以上の種類の生き物が、それぞれほかの生き物とかかわりあいながら生きている。「生態系」とは、そうした生き物たちと、それらが生きる自然環境をまとめたよび方のこと。植物が光合成で養分をつくり、その植物を動物が食べる。動物が死ぬと、微生物が分解し、その養分を植物が取りいれる。このように、生き物がそれぞれの役割を果たしているのが生態系だ。

紀元前1200年頃のエジプトにおける農業のようす。

7 工業社会

「工業社会」とは、人びとの生活において、
農林漁業（第一次産業）中心の社会から、
製造・建設・鉱業など（第二次産業）、さらに商業・運輸・金融などの
産業（第三次産業）が中心となった社会のことです。

産業革命により「工業社会」へ

18世紀の後半、イギリスでの蒸気機関の発明とそれにともなう技術革新などによって、紡績などの軽工業が発達し、また、鉄道や蒸気船といった交通機関がどんどん広がっていきました。

こうした状況を「産業革命」とよび、その時期がまさに「農耕社会」→「工業社会」のあいだの過渡期にあたります。

この説明からわかるとおり、「産業革命」は、人類の歴史区分のなかにあって非常に重要な時期ですが、あるできごとをさす言葉ではなく、産業革命の時期は、何年、何十年という時間の幅があり、世界の国ぐにでも、産業革命

の時期にはちがいがあります。イギリスの産業革命は、1764年にハーグリーヴズがジェニー紡績機（→p38）を発明した頃から蒸気機関車の鉄道が各地に開通した1830年代までとされていますが、右ページで、世界各国の産業革命のようすを見てみましょう。

「農耕社会」→「工業社会」となるのですが、この（→）の時期（過渡期）の状況が、とても大事です。

産業革命の象徴となった世界初の鉄道、ストックトン・アンド・ダーリントン鉄道の開業（1825年）を描いた絵画。

各国の産業革命

・ドイツ

　19世紀前半から現在のドイツにある諸国で、重工業部門においての産業革命が進行。1871年にドイツが統一国家となってからは、製鉄、機械、鉄道建設などの分野で国家の主導による急速な産業革命を進め、イギリスをしのぐ急成長をとげた。

1870年頃、はやい段階で工業化され、ドイツの産業革命の中心地となったバルメン（現・ヴッパータール）の当時のようす。

・フランス

　19世紀前半から軽工業を中心にゆっくりと産業革命がはじまった。19世紀後半に入ってからは、国王主導のもとで自由貿易制度による競争力の強化、鉄道・通信網の整備、金融制度の整備などを通じて、産業革命が進んだ。

パリ万国博覧会の会場。フランスは1855年と1867年にパリで万国博覧会を開催し、産業化の達成を世界にアピールした。

・アメリカ

　19世紀初頭の米英戦争でイギリスとの貿易がとだえ、イギリスへの依存から脱して自力で工業化を進めることになる。また、19世紀後半の南北戦争で工業地域の北部が勝利したことで工業中心の国づくりを進めることとなり、おおいに産業革命が進んだ。

大陸横断鉄道の開通記念式典（1869年）。広大な土地や資源などのおかげで、アメリカは19世紀末には世界一の工業国となった。

・日本

　19世紀後半の明治維新から20世紀初頭にかけて、すでに産業革命を経験していたヨーロッパの技術と知識を取りいれ、国家主導で産業革命が進展。とくに繊維などの軽工業のほか、鉄鋼、造船など重工業もはやくから進み、世界的な経済大国のひとつとなった。

建設中の官営八幡製鉄所（福岡県）。鉄鋼業の発展に大きな役割を果たし、「明治日本の産業革命遺産」として世界遺産に登録された。

工業社会のかたち

工業の進歩とともに経済が成長し、それにともなって人口がますます増加。増えた人口の多くが、多くの資本が集まる、第二次産業や第三次産業での職を求めて農村から都市に移動します。人口が都市に集中し、都市が拡大します。さまざまな産業で大量生産がおこなわれるようになります。すると、人びとがどんどん消費するようになり、大量生産・大量消費の時代がやってきます。

一方で、都市で働く労働者のなかには長時間労働やきびしい労働環境に苦しむ人も増え、労働問題が発生します。

なお、こうした状況に対応するために、社会保障制度*などが登場します。社会保障制度ができたのは、工業社会の時代でした。

2013年にバングラデシュで起こった、縫製工場が入ったビルの崩落事故。のちに違法建築や、過酷な労働を強いる搾取工場であったことが明らかになった。

もっとくわしく

第一次産業・第二次産業・第三次産業

- 第一次産業
  主に自然を利用する産業。農業、畜産業、林業、漁業。

- 第二次産業
  自然界にある原材料を加工する産業。製造業、鉱業、建設業など。

- 第三次産業
  第一次産業、第二次産業のどちらにもあてはまらない産業分野。商業、金融、運輸、観光、情報通信、サービスなど。

*病気やけが、失業などによって安定した生活が送れなくなった場合に、国や地方自治体が国民の生活を保障する制度。

公害と環境問題

人類は工業化のために、石炭や石油という化石燃料（→1巻p6～9）を大量につかうようになります。そして、石炭の煤煙（→p38）が大気汚染を引きおこし、鉱物の採掘や化学品製造の過程で、有害物質が川や海に流出し、多くの人の健康に被害が出たり、工場の騒音や悪臭などを発生させたりしました。

こうして人びとは、みずからしでかしたことにより、自分たちを取りまく環境をおかし

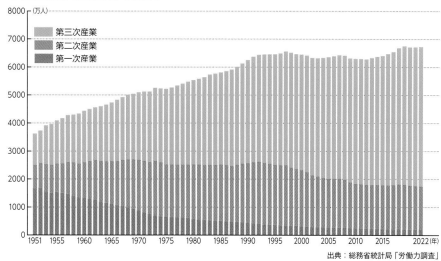

●産業別人口構成の変化

凡例：第三次産業／第二次産業／第一次産業

出典：総務省統計局「労働力調査」

くしていきます。これが「公害」とよばれる大きな社会問題です。そのため、公害防止条例の策定などの規制で環境問題への対応が迫られたのも、工業社会になってからでした。

情報社会

工業社会も成熟する頃には、コンピュータと
インターネットのおかげで、情報産業にけん引されて経済が大きく成長。
人びとの生活もたいへん便利になりました。しかし、新しい種類の
問題が起きてきました。どんな問題なのでしょうか?

情報社会とは

20世紀後半になると、コンピュータやインターネット技術がめざましい勢いで発展していきます。この技術を活用した情報関連産業が躍進し、産業全体に占める割合が増え、この分野で働く人も激増します。

そして何より流通する情報の量が飛躍的に増大。その結果、製造業や流通業よりも、情報を集め分析・加工・伝達するといった情報にかかわる産業が、経済や生活で重要な役割を果たすようになっていきました。そんな状況を「情報社会」とよぶようになりました。

はじまりはいつ?

総務省がおこなった「通信利用動向調査」によると、携帯電話、インターネットの普及率は、1990年代後半から大きく上昇し、2009年には90%をこえました。このことから見て、日本では1990年代から2000年にかけて、情報通信技術が急速に発展し、その結果情報社会に突入したといってもよいでしょう。

情報社会になって大きく変わったこと

インターネットの普及により、大量の情報が瞬時に入手できる環境が整備され、携帯電話は人びとの生活に欠かせない通信手段となってきました。情報化は家庭や個人のライフスタイルに大きな変化をもたらし、人びとの働き方も変わりました。いつでもどこでも携帯電話でつながり、出勤せずに仕事のできるテレワークや、リモート授業も身近なものになり、あらゆるものがオンラインで購入できるなど、生活がとても便利になりました。

●携帯電話、インターネット普及率の推移

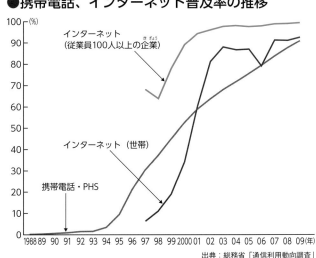

出典：総務省「通信利用動向調査」

情報社会の残された課題

　情報社会では、あらゆることが便利になった反面、コンピュータとインターネットを悪用したサイバー犯罪（→p38）や個人情報の漏洩、誹謗中傷や偽情報の拡散など、情報社会ならではの深刻な社会問題が発生するようになってきました。

　情報が多すぎるせいで、かえって必要な情報をさがすのが難しくなったり、また医療、福祉、交通、金融、教育、行政手続きなどの情報がバラバラに蓄積されているために、関連する知識や情報が共有されず、連携ができないといった課題も指摘されています。

情報社会の脱炭素の取り組み

　このシリーズの①巻では、脱炭素についてキーワードで見てきましたが、②巻でも脱炭素との関係を記しておきます。

　工業社会に入り、人類は産業を発展させ、生活を豊かにするために、二酸化炭素をかまわず排出してきました。それが、脱炭素をめざす理由になっていることは、くりかえすまで

もありません。

　それでは、情報社会だからこその脱炭素の取り組みとは、どういったものでしょうか。

　情報社会では「再生可能エネルギーの電力を入手するにはまずどうすればよいのか？」「建物の屋上や空き地にパネルを設置し、太陽光からつくられた電気を使用するには？」などの情報をかんたんに入手できます。すなわち、二酸化炭素排出削減の方法を個人でもかんたんに得られるのです。脱炭素に個人レベルで取りくめるようになったのです。

　太陽光発電など再生可能エネルギーの導入に関しては、国や自治体から補助金を受けられる場合があります。また、企業は、「中小企業経営強化税制」や「中小企業投資促進税制」といった税制優遇措置を受けられることもあります。情報を集めて、省エネに取りくむことで二酸化炭素を減らし、脱炭素社会をめざすことができるのです。

工業社会が成熟し情報社会になったことで、脱炭素は、だれもがめざせるようになったのです。ということは、わたしたちみんなの責任が大きくなってきたのが、情報社会だということになるのでしょうか。

情報社会では入手できる情報量が飛躍的に拡大したおかげで、経済活動や生活においてより的確な判断ができるようになった。

大気中にたまる二酸化炭素
にさんかたんそ

ここでは狩猟採集社会から
しゅりょうさいしゅう
情報社会へ移行するあいだに
じょうほう　　　いこう
二酸化炭素がどうやって
にさんかたんそ
大気中にたまってきたのか、
その関係を確認して
かくにん
いきましょう。

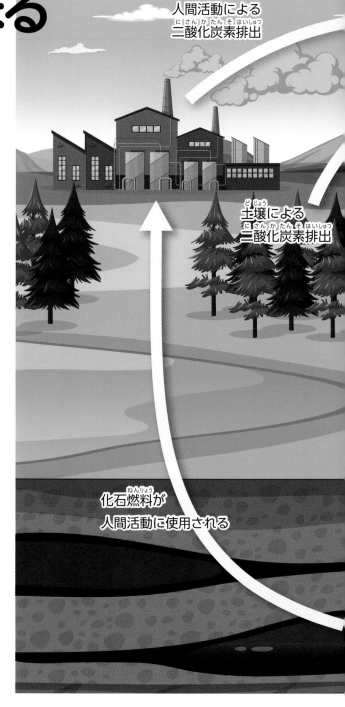

人間活動による
二酸化炭素排出
にさんかたんそはいしゅつ

土壌による
どじょう
二酸化炭素排出
にさんかたんそはいしゅつ

化石燃料が
ねんりょう
人間活動に使用される

炭素循環
たんそじゅんかん

「炭素循環」とは、炭素という物質（→1巻p4）が
ぶっしつ
大気、陸上（森林・土壌・河川や湖、沼など）、
どじょう　かせん　　みずうみ　ぬま
海洋などのあいだで交換されたり移動したりし
こうかん　　　　いどう
て循環することをいいます。

炭素については、シリーズの①巻でくわしく
見てきましたが、ここでいう炭素は、二酸化炭
にさんかたん
素やあらゆる有機物のことと考えてください。
そ

「有機物」とは、炭素をふくむ化合物のうち、
一酸化炭素や二酸化炭素以外の炭素と酸素から
いっさんかたんそ
なる物質のことです。

人類をふくむ生物の体内でつくられる炭水化
物、脂肪、たんぱく質も有機物です。
しぼう　　　　　　しつ

図は、炭素循環のようすを表したものです。
炭素は陸上から河川を通じて海に流れでます。
また、海面でも大気とのあいだで二酸化炭素が
交換されることが表されています。

人間活動とは

「人間活動」というのは、人類の社会（とくに
工業社会）が二酸化炭素を排出し、自然環境に
にさんかたんそ　はいしゅつ　　　　　かんきょう
影響をあたえながらおこなう活動全般のこと。
えいきょう　　　　　　　　　　　　　ぜんぱん

この図は、二酸化炭素が上空にのぼり、森林

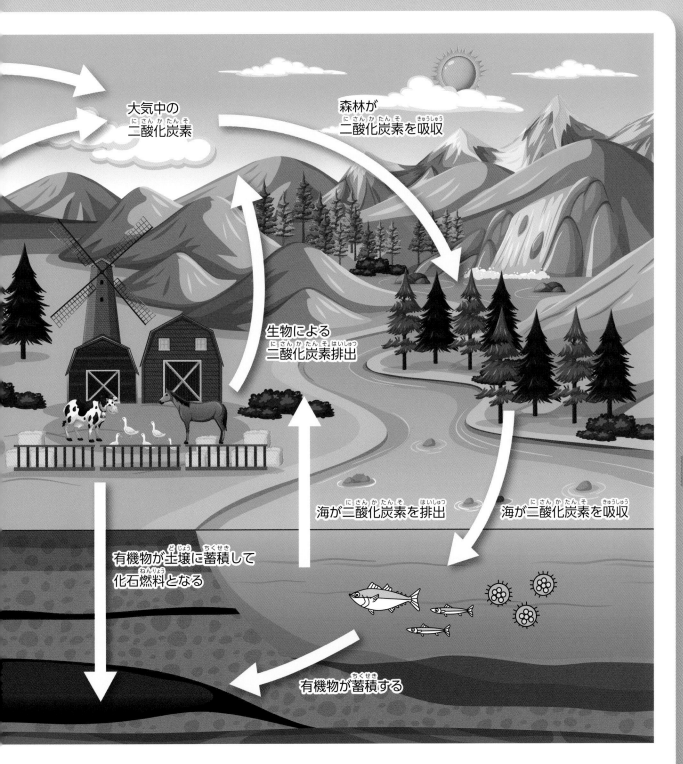

大気中の二酸化炭素（にさんかたんそ）

森林が二酸化炭素を吸収（にさんかたんそきゅうしゅう）

生物による二酸化炭素排出（にさんかたんそはいしゅつ）

有機物が土壌に蓄積して化石燃料となる（ゆうきぶつがどじょうにちくせきしてかせきねんりょうとなる）

海が二酸化炭素を排出（にさんかたんそはいしゅつ）

海が二酸化炭素を吸収（にさんかたんそきゅうしゅう）

有機物が蓄積する（ゆうきぶつがちくせきする）

に吸収（きゅうしゅう）され、のちに陸上にしみこんだり、海洋にとけこんだりするようすを表しています。
　一方、陸に蓄積（ちくせき）された炭素は、非常に長い年月を経（へ）て化石燃料（かせきねんりょう）になり、それを人間が燃（も）やして二酸化炭素（にさんかたんそ）として排出します。
　こうした炭素循環は、人類の農耕社会（のうこう）(→p18、19)

以前には吸収と排出のバランスがとれていましたが、工業社会に入ると、人類がどんどん化石燃料を燃やすようになり、大気中の炭素が増えてバランスが失われ、炭素循環がうまくいかなくなってきたのです。

二酸化炭素循環

　下の図は、二酸化炭素が自然の営みと人間活動を通じてどのくらい循環しているのかを、排出量と割合で示したものです（「炭素」ではなく「二酸化炭素」にかぎって計算されている）。

　この図からわかることは、１年間で全体の排出量が約8500億トン、吸収量が約7800億トン。そのうち、人間の活動による排出量は約400億トンですから、排出量全体の4.8%にあたるということです。

　人間の活動による二酸化炭素の排出量は4.8%で、海洋（33.7%）や土壌（61.3%）とくらべると、とても低いことになります。

　それでも、人類が登場し、時代がくだり工業社会に入ってきてから大気中の二酸化炭素が増え、確実にバランスがくずれてきているのです。人間の活動による排出量は一見少なく思えますが、その4.8%が、非常に大きな問題だと考えられているのです。

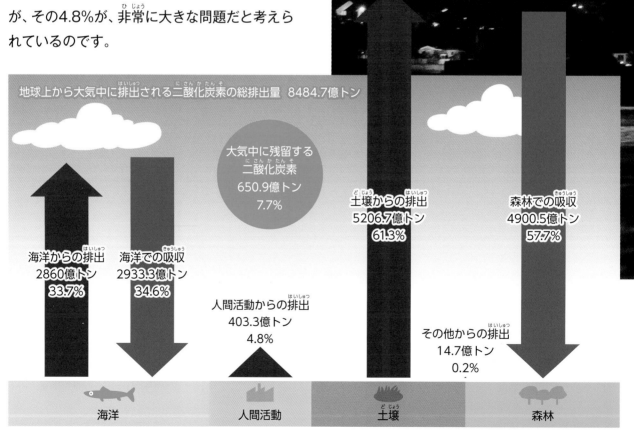

地球上から大気中に排出される二酸化炭素の総排出量　8484.7億トン

大気中に残留する二酸化炭素
650.9億トン
7.7%

土壌からの排出
5206.7億トン
61.3%

森林での吸収
4900.5億トン
57.7%

海洋からの排出
2860億トン
33.7%

海洋での吸収
2933.3億トン
34.6%

人間活動からの排出
403.3億トン
4.8%

その他からの排出
14.7億トン
0.2%

海洋　　　人間活動　　　土壌　　　森林

出典：IPCC（国連気候変動に関する政府間パネル）第６次評価報告書より作成

アメリカのカリフォルニア州で起こった森林火災。森林火災の多くは、焚き火や放火など、人為的なものによって引きおこされている。

二酸化炭素循環からわかること

　人間活動からの二酸化炭素排出は全体のわずか4.8%なのに、循環のバランスをくずしているとすれば、人間による排出を減らすことが対策の第一歩です。また人間が、自然界つまり海洋、土壌、森林による二酸化炭素の吸収量が減らないようにしていくことも非常に大切です。逆に、植林や、大気中の二酸化炭素の回収・貯蔵などによって、地球全体の二酸化炭素吸収能力を高めるという方法がおおいに役立つことが、この図から見えてきます。

地球温暖化に関する議論

今では、多数の学者や政府などが、
地球温暖化やその原因などについて同じ考え方に立ち、
世界の国ぐにが脱炭素社会をめざしていこうとするようになりました。
ところが、すべての科学者の意見が一致しているわけではありません。

地球温暖化が事実でないという意見

地球は主に化石燃料の膨大な消費によって温暖化していて、早急な対策が必要だというのが、世界が一致する見方です。ほとんどの国の政府も、その考えを前提として対応しています。しかし、少数ではありますが、この見方に対して異論をとなえる科学者がいるのです。

IPCCの第6次評価報告書（→p36）は、産業革命前にくらべ、世界の平均気温はすでに1.1℃上昇し、今後10〜20年で1.5℃に達するおそれがあるとしています。

ところが、一部の人たちは「IPCCのデータはかたよりがあって十分に信頼できない」とか「地球は逆に寒冷化に向かっている」などと主張しています。

もっとくわしく

IPCC

気候変動に関する政府間パネル（Intergovernmental Panel on Climate Change）の略称。1988年に国連環境計画（UNEP）と世界気象機関（WMO）により設立された国際的な組織。気候変化に関する世界中の科学者の研究成果をもとに定期的に報告書を作成している。

●1850〜1900年を基準とした世界平均気温の上昇の予測

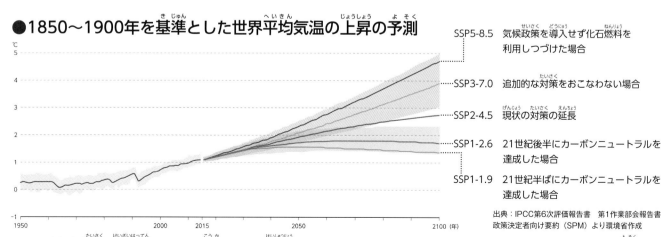

SSP5-8.5　気候政策を導入せず化石燃料を利用しつづけた場合
SSP3-7.0　追加的な対策をおこなわない場合
SSP2-4.5　現状の対策の延長
SSP1-2.6　21世紀後半にカーボンニュートラルを達成した場合
SSP1-1.9　21世紀半ばにカーボンニュートラルを達成した場合

出典：IPCC第6次評価報告書　第1作業部会報告書
政策決定者向け要約（SPM）より環境省作成

IPCCは、気候変動対策や経済発展の動向と温室効果ガスなどの排出量を組みあわせて、地球の気温がどのように変化するかを5つのシナリオにそって予測した。

サイクロンが上陸し、水没した村（モザンビーク）。地球の平均気温の上昇にともない、このような大規模な災害は増加する傾向があるといわれている。

地球温暖化の原因

IPCCは「人間活動が主に温室効果ガスの排出を通して地球温暖化を引きおこしてきたことは疑う余地がない」といいきっています。

これに対して、人間活動よりも太陽光などの自然要因が主な温暖化の原因ではないか、二酸化炭素にはそれほどの温室効果がない、などといった主張をする人もいます。

IPCCは「地球温暖化がすでに世界じゅうのすべての地域において、多くの気象と気候の極端な現象に影響をおよぼしている」「温暖化が進めばさらに危険が高まる」などと警告しています。そして、海水面の上昇、熱波や豪雨などの異常気象、生態系の破壊などを、その例としてあげています。ところが、そのような現象は「異常ではない」「異常気象ではない」といった見方をする人もいるのです。地球温暖化そのものや温暖化の原因について、異論をとなえる人たちもいるのです。

もっとくわしく
〈「地球温暖化」のウソに騙されるな〉という記事

日本政策研究センターの『明日への選択』（令和4年3月号）に掲載された記事の冒頭では、カーボンニュートラルは実現可能なのか、また、そうしなければ地球は本当に破滅してしまうのかといった疑問が投げかけられている。これに対して、気候変動の専門家である杉山大志さんは「気温が上昇し地球が温暖化していることは事実」としつつ「気温上昇がどの程度CO_2の増加によるものかはよくわかっていない」と述べている。また、杉山さんは再生可能エネルギーの電力供給の不安定さやコストの高さを指摘し、カーボンニュートラルを実現するために、日本経済や国力が弱体化しては意味がない、と主張している。

眞鍋淑郎さんの功績

地球温暖化の研究に大きな貢献を果たした科学者の一人である眞鍋さんが、地球の気温上昇をつきとめた研究について見てみましょう。

眞鍋さんは何をしたの？

眞鍋さんは、大学卒業後にアメリカにわたり、当時の最先端のコンピュータを駆使して独自の気候モデルをつくり、シミュレーションをくりかえしました。

その結果、大気中の二酸化炭素の濃度が2倍になると、地上の気温が2.3℃上がるという試算を発表。それが、世界中で温暖化に関する研究が進むきっかけとなりました。さらに、細かいモデルをつくってシミュレーションしました。

眞鍋淑郎
1931年、愛媛県に生まれる。2021年に、確度の高い地球温暖化予測のモデルをつくった功績を認められて、ドイツのクラウス・ハッセルマン氏（人間活動が気候にあたえる影響の分析手法を生み出した）、イタリアのジョルジョ・パリージ氏（気候などの複雑な物理現象の法則性を見出した）とノーベル物理学賞を共同受賞した。

眞鍋さんに対する評価

眞鍋さんの研究成果は世界的に高く評価されています。気候変動問題に対して権威ある報告をおこなうIPCC（→p30）の第1次評価報告書（1990年発表）でも、眞鍋さんのつくったモデルが活用されています。眞鍋さんは、気候モデル開発の基礎を築いた人物といえるでしょう。

なお、眞鍋さんは日本で生まれそだちましたが、アメリカにわたって研究生活を続けるなかでアメリカに国籍を変え、今でもアメリカに住んでいます。

●眞鍋さんの気候モデル

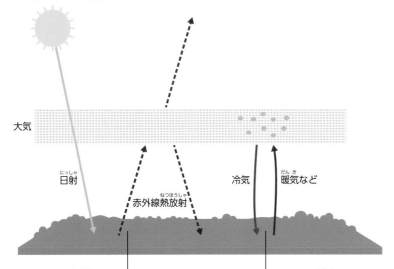

大気

日射

赤外線熱放射

冷気　暖気など

地表からの赤外線熱放射は空気と地表をあたため、一部は外に放出されながら、大気に吸収される。

熱い空気は冷たい空気より軽いので上昇し、いっしょに温室効果が高い水蒸気も運び、あたたかい空気ほど水蒸気濃度が高まる。一方で大気が冷たいところほど、水蒸気にたくわえられた潜熱を放出しながら、雲滴をつくる。

出典：環境省ホームページより作成

10 未来にむけて 「適応」という対策

今世界じゅうで地球温暖化の危機がさけばれ、
日本でも「台風やゲリラ豪雨、猛暑などは温暖化による悪影響だ」
と報道されているのは、事実です。
そうしたなか、わたしたちはどうすればいいのでしょうか。

やるべきことのリスト

海面上昇が起これば、人びとは沿岸部でくらせなくなります。内陸部で、日照りで水がなくなり、砂漠が拡大すれば、そこでくらす人びとはどうすればいいのでしょう。

そうした地球規模で見る被害のほか、日本では、毎年のように台風やゲリラ豪雨、猛暑、水不足などが起きています。そうしたなか、わたしたちのできる対策は、大きくわけて2つあるといわれています。

ひとつは、このシリーズでそこかしこに書かれている、地球温暖化をおさえるために二酸化炭素をはじめとする温室効果ガスの排出を減らし、吸収を増やすことです。これに関する具体的な対策は、③巻でくわしく解説しますが、次のようなことがいわれていますので、ここでも確認しておきましょう。

右は、WWF*ジャパンという団体がホームページで示している「身近でできること」の一部です。

- 公共交通機関を利用しよう。
- つかっていないコンセントをぬこう。
- 省エネ製品を選ぼう。
- 冷暖房は冷やしすぎ、あたためすぎ、つけっぱなしをさけよう。
- 太陽光発電などを導入をしよう。

WWFジャパンは「家庭の消費電力は、主に冷蔵庫・照明器具・テレビ・エアコンの使用によって占められており、そこから多くの二酸化炭素が排出されています。こうした電力の消費にかかわることをはじめとして、くらしのなかで一人ひとりがおこなう省エネの小さな工夫も、地球温暖化の防止に役立ちます」として、電気の消費を減らす「省エネ」に力を入れるようにいっています。

*WWFは100か国以上で活動している環境保全団体で、1961年に設立された。人と自然が調和して生きられる未来をめざして、失われつつある生物多様性の豊かさの回復や、地球温暖化防止などの活動をおこなっている。

「適応」という対策

　もうひとつの対策が、起こりえる災害などに対する抵抗力を備えて、災害に適応していくということ。災害があってもすぐに復旧する力をつけることが重要だという考えです。こうした対応には次のような対策がよく知られています。

- 災害に関する情報を集めて災害を予測し、非常時の計画をあらかじめつくっておく。
- 海面の上昇に備えて堤防を設置する。
- 豪雨で土砂くずれが起こるのを防ぐため、植林を進める。
- 品種改良をして高温に強い農作物をつくる。

　「適応」策が不可欠な理由がもうひとつあります。日本の場合、年間の二酸化炭素排出量は約10億トンで、人間活動による排出全体の約3％、地球全体の排出量（約8500億トン）のわずか0.1％程度です。ということは、地球温暖化は、日本だけがどんなに脱炭素をがんばっても、その効果はかぎられているのです。

　こうしたなか、これからも地球温暖化が進んでいくようであれば、そのあいだは「適応」による備えをするほかないといわれているのです。

> 地球温暖化がストップしたとしても、おそらく災害を完全に食いとめることはできません。災害はいつでも起こりえるので、適応策をとることは必須だということですね。

堤防の補強工事。土手の上に傾斜した構造物を置くことで、水のエネルギーを吸収・分散させることができる。

日頃から防災グッズを準備したり、避難経路や避難場所を確認したりしておくことで、いざというときにすばやく避難することができる。

子どもたちが参加しておこなわれた植林活動。自然災害や伐採などで失われた森林の再生活動が各地でおこなわれている。

SDGsのターゲット

SDGsについては、みなさんもいろいろと勉強してきた
と思いますが、SDGsの17個の目標には
「ターゲット」という具体的な目標が示されています。
ここでは、目標13のターゲットについて見てみましょう。

目標13のターゲット

左の図は、SDGs目標13の
ロゴマークです。そこに「気
候変動に具体的な対策を」と
記されていることからもわか

るとおり、気候変動への対策が、今人類にとっ
て世界を持続可能（sustainable）にしていく
ために、どうしても必要なのです。下は、目標
文と、全部で5つあるうちの3つのターゲッ
トの内容です。

・目標文：気候変動およびその影響を軽減するための緊急対策を講じる。
・ターゲット13.1：気候に関する災害や自然災害が起きたときに対応したり立ちなおったりでき
るような力を、すべての国で備える。
・ターゲット13.2：気候変動への対応を、それぞれの国が、国の政策や、戦略、計画に入れる。
・ターゲット13.3：気候変動が起きるスピードをゆるめたり、気候変動の影響に備えたり、影響
を減らしたりして、はやくから警戒するための教育や啓発をより良いものにし、人や組織の能
力を高める。

上記のうち、ターゲット13.1は、左
ページに記した「適応」という対策
と同じ内容ですね。

2015年に仙台市でおこ
なわれた第3回国連防災
世界会議。災害に備えて
各国がなすべき指針が話
しあわれ「仙台防災枠組
2015-2030」として発
表された。

写真：「第3回国連防災世界会議結果概要」（内閣府）より

ここでは、1990年から6回にわたり公表されている
IPCCの評価報告書をもとに、地球温暖化について見ていきます。

①IPCC評価報告書

IPCCは1988年に設立されて以来、数年ごとに地球の気候の変化に関する科学的知見を評価し「IPCC評価報告書」として公表してきました。1990年に公表された第1次評価報告書には、人類によって排出される温室効果ガスは「気温上昇を生じさせるおそれがある」という表現にとどまっていましたが、2013年には地球温暖化は人間の活動が原因である可能性が「きわめて高い（95％以上）」とされました。そして、2021年に公表された最新の第6次評価報告書では、人間が地球温暖化に影響をあたえたことは「疑う余地がない」と断言。気候変動の責任が人類にあることが明言されました。

下の地図は、地球の平均気温の変化を示した

もの。2015～2019年の平均気温が1951～1980年の平均気温と比較して上がったところを赤色で、下がったところを青色で示しています。地球の気温が全体的に上昇していることがわかります。

●IPCC評価報告書における表現の変化

第1次報告書	1990年	人為的要因の温室効果ガスは気候変化を生じさせるおそれがある。
第2次報告書	1995年	識別可能な人為的影響が全地球の気候に表れている。
第3次報告書	2001年	過去50年に観測された温暖化の大部分は、温室効果ガスの濃度の増加によるものだった可能性が高い（66％以上）。
第4次報告書	2007年	20世紀半ば以降の温暖化のほとんどは、人為起源の温室効果ガス濃度の増加による可能性が非常に高い（90％以上）。
第5次報告書	2013年	20世紀半ば以降の温暖化の主な原因は、人間活動の可能性がきわめて高い（95％以上）。
第6次報告書	2021年	人間の影響が大気・海洋および陸域を温暖化させてきたことには疑う余地がない。

出典：全国地球温暖化防止活動推進センター

●地球の平均気温の変化

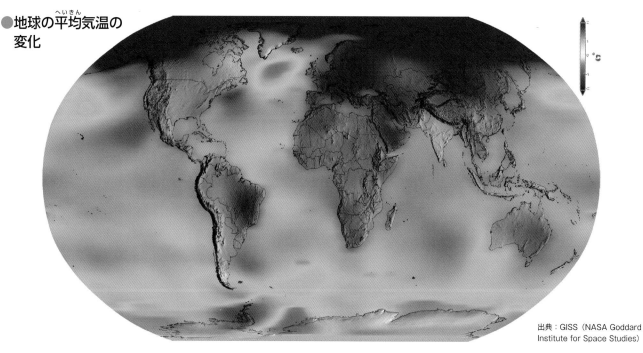

出典：GISS（NASA Goddard Institute for Space Studies）

②地球の気温上昇と異常気象

　2015年にフランスでおこなわれた国連気候変動枠組条約締約国会議（COP21）で採択されたパリ協定では、世界の平均気温の上昇を産業革命前にくらべて1.5℃以内におさえることが目標としてかかげられましたが、第6次評価報告書では、2021〜2040年に1.5℃に達する可能性が非常に高いと指摘されています。1.5℃という数字は、毎日の天気予報の温度差などを参考にすると一見あまり影響がないように感じるかもしれませんが、世界の平均気温が1.5℃上昇すると、10年に１度起こるような極端な高温の日は、今より

約1.5倍多くなると考えられています。それにともない、地域によっては雨がふる頻度も多くなり、その強さもはげしくなることが予想されています。下は、平均気温の上昇にともない極端な高温*が発生する頻度とその強度を予想した表です。

●極端な高温が発生する頻度とはげしさ

地球の平均気温の上昇幅	1℃上昇（現在）	1.5℃上昇	2℃上昇	4℃上昇
10年ごとの頻度	2.8倍	4.1倍	5.6倍	9.4倍
熱波の温度	1.2℃高くなる	1.9℃高くなる	2.6℃高くなる	5.1℃高くなる

出典：全国地球温暖化防止活動推進センター

＊1850〜1900年のあいだの人為的影響のない環境下で平均して10年に１度発生するレベルのもの。

③地球温暖化によるさまざまな影響

　地球温暖化によって引きおこされるのは、異常気象や氷河の融解だけではありません。平均気温の上昇は、地球の生態系に深刻な影響をおよぼします。IPCCの第6次評価報告書には、平均気温が1.5℃上昇すると陸域の生態系において３〜14％の種が絶滅の危機に直面する可能性が高いと記されています。このリスクは、気温上昇が２℃で３〜18％、３℃で３〜29％、５℃で３〜48％に上昇するといわれています。

　また、これまで熱帯でしか生きられなかった生物が以前は気温の低かった地域に生息するよ

うになることで病気がもたらされたり、特定の動植物が食べられて在来生物が絶滅したりするおそれがあるといわれています。

　なお、地球温暖化による影響には、ほかにも次のような可能性が心配されています。

・大雨や洪水、高潮などの災害によって衛生環境が悪化し、感染症が発生しやすくなる。
・異常気象によりインフラが破壊される。
・熱中症による健康被害が増える。
・農作物を収穫できる地域や魚がとれる場所が変わったり、収穫が減ったりすることで、食糧不足が発生する。
・干ばつによって飲料水や灌漑用水の不足が起きる。
など。

オーストラリアに生息するコアラ。乾燥や気温上昇が原因で森林火災が発生したり、エサであるユーカリの発育に影響をおよぼしたりして、絶滅の危険性が高まっている。

用語解説

細胞に核膜でしきられた核のない原核生物（単細胞生物）で、海中にすむ植物プランクトン。淡水や海に広く生育し、光合成をおこなうことによって地球上の酸素の大きな供給源となっている。ラン藻が大気中に大量の酸素を放出したことで、現在の陸上生物が地球上に生存できるようになったと考えられている。

胞子をつくって増える植物（胞子植物）の一種で、しめった場所や水際において生殖する。約5億年前に、海のなかに生育していた藻がコケのような植物に進化し、はじめて上陸。その後、根・葉・茎をもつシダ植物が出現し、植物は水辺から陸地へ広がっていったとされている。

現生人類の学名。ラテン語で知恵ある人、賢い人という意味をもつ。かつて、人類の進化は猿人・原人・旧人・新人の単線的な4段階で、ホモ・サピエンスはそのなかの新人にあたるとされていたが、人類学の研究が進むにつれて、人類にはいくつもの種が存在し、進化や分化、絶滅をくりかえしてきたと考えられるようになった。そのなかでも、約30万年前（20万年前との説もあり）にアフリカに出現したホモ・サピエンスはヨーロッパやアジア、オーストラリア、アメリカ大陸へと進出を果たし、地球のはげしい気候の変化を乗りきって生存しつづけ、唯一生き残った人類になったと考えられている。

紡績機とは、綿や羊毛の繊維を原料として糸をつくる機械のこと。1764年にイギリスのハーグリーヴズが考案したジェニー紡績機は、1台で複数の糸をつむぐことができるという、当時は画期的なものだった。はじめは8本、その後改良を重ねて16本、最終的には80本の糸を同時につむぐことができるようになり、産業革命における繊維業の重要な転換点を生み出した。

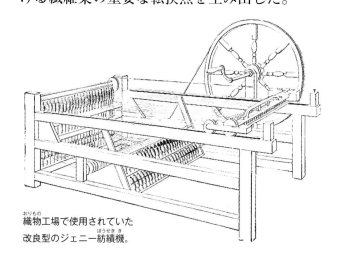

織物工場で使用されていた改良型のジェニー紡績機。

石炭や石油などの燃料が不完全燃焼することで発生する、すすや煙などの大気汚染物質のこと。

コンピュータやインターネットを悪用した犯罪のこと。他人のコンピュータに許可なくアクセスする不正アクセス行為や、インターネットを利用した詐欺行為、違法な物品の売買など、多種多様。匿名性が高いうえに痕跡が残りにくく、短い時間で多くの人に被害をあたえるといった特徴がある。

さくいん

■ 著者からのメッセージ ■

最後まで読んでくださったみなさん、ありがとうございました。最後に、わたしからのお願いを書かせてください。

①自分の問題にする：地球温暖化や脱炭素は複雑で難しい問題ですが、自分ごととしてください。

②科学的に考える：科学者などが地球温暖化について今のように説明できるようになるまでには、さまざまな議論をくりかえし、ほかの人の考えを科学的に検証してきたのです。みなさんも、言われたことを鵜呑みにするのではなく、自分自身でいろいろ調べたり質問したりして、科学的に考えるようにしてください。「科学的に考える」とは、事実をそのままとらえることです。

③広い視野：世界には数えきれない課題がありますが、ある課題解決のためにほかを犠牲にしてはいけません。極端に言えば、人類が狩猟採集のくらしにもどれば温暖化は止まりますが、現代の文明を犠牲にするわけにはいかないのです。

以上、3つのことを心にとめていただきたいと思います。

渡邉 優

■ 著

稲葉 茂勝（いなば しげかつ）

1953年東京生まれ。大阪外国語大学、東京外国語大学卒業。日本国際理解教育学会会員。子ども向け書籍のプロデューサーとして約1500冊を手がけ、「子どもジャーナリスト（Journalist for Children）」としても活動。著書として「SDGsのきほん 未来のための17の目標」全18巻（ポプラ社）や『著作権って何?』（あすなろ書房）、『ネットリテラシーパーフェクトガイド』（新日本出版社）、「なんでも学」シリーズ（今人舎）など多数。2019年にNPO法人子ども大学くにたちを設立し、同理事長に就任して以来「SDGs子ども大学運動」を展開している。

渡邉 優（わたなべ まさる）

1956年東京生まれ。東京大学法学部卒業後、外務省に入省、在ジュネーブ政府代表部公使、在キューバ大使などを歴任。退職後、知見をいかして国際関係論の学者兼文筆業へ。2023年度から成蹊大学客員教授。著書に『知られざるキューバ』（ベレ出版）、『SDGs辞典』（ミネルヴァ書房）のほか、稲葉との共著として『これならわかる！ SDGsのターゲット169徹底解説』（ポプラ社）などがある。外務省時代の経験・知識により、「SDGs子ども大学運動」の支柱の一人として活躍。国連英検指導検討委員、日本国際問題研究所客員研究員なども務める。

■ 編

こどもくらぶ（上野瑞季）

あそび・教育・福祉の分野で子どもに関する書籍を企画・編集している。図書館用書籍として年間100タイトル以上を企画・編集している。

■ デザイン・制作

（株）今人舎（佐藤道弘）

■ 校正

（株）鷗来堂

■ 写真提供

- blueringmedia, Bruno Pedro/ Wirestock Creators/stock.adobe.com
- © Aguina, © Marian Galovic, © Suse Schulz, © Bayazid Akter, © Kevin Key, © Ying Liu, © Ying Liu /Dreamstime.com
- D-suke, metamorworks, riekko, アクア, afkphoto, PIXSTAR, naka, user Tanushka, Graphs, T2 , Satoshi KOHNO, yosan, haku, POPO/ PIXTA
- Tim Bertelink/CC BY-SA 4.0,Alexrk2/ CC BY-SA 3.0, Bengt Nyman/CC BY 2.0

■ 参考資料

- 富山県HP
- 内閣府HP
- IPCC第6次評価報告書
- 環境省HP
- WWFジャパンHP

この本の情報は、2023年10月までに調べたものです。今後変更になる可能性がありますので、ご了承ください。

しっかりわかる「脱炭素＝カーボンニュートラル」②地球の歴史から考える「地球温暖化」　　　NDC519

2024年1月31日　　第1刷発行

著　　　稲葉茂勝　渡邉 優
編　　　こどもくらぶ
発行者　小松崎敬子
発行所　株式会社 岩崎書店　　〒112-0005　東京都文京区水道 1-9-2
　　　　　　　　　　　　　　　電話　03-3813-5526（編集）　03-3812-9131（営業）
　　　　　　　　　　　　　　　振替　00170-5-96822
印刷所　株式会社 光陽メディア　　　製本所　大村製本 株式会社

©2024 Inaba Shigekatsu, Watanabe Masaru
Published by IWASAKI Publishing Co., Ltd. Printed in Japan.
岩崎書店ホームページ　https://www.iwasakishoten.co.jp
ご意見、ご感想をお寄せ下さい。E-mail info@iwasakishoten.co.jp
落丁本、乱丁本は送料小社負担でおとりかえいたします。

40p 29cm×22cm
ISBN978-4-265-09157-7

しっかりわかる
「脱炭素＝カーボンニュートラル」
全3巻

①
キーワードでわかる
「脱二酸化炭素」

②
地球の歴史から考える
「地球温暖化」

③
SDGsと
「カーボンニュートラル」